나답게, 사람과 더불어

장 봉 화 시집

시와사람

장봉화 시집
나답게, 사람과 더불어

2021년 11월 1일 인쇄
2021년 11월 5일 발행

지은이 | 장 봉 화
펴낸이 | 강 경 호
인쇄·기획 | 도서출판 시와사람
등 록 | 1994년 6월 10일 제 05-01-0155호
주 소 | 광주시 동구 양림로119번길 21-1(학동)
전 화 | (062)224-5319
팩 스 | (062)225-5319
E-mail | jcapoet@hanmail.net

ISBN 978-89-5665-609-0 03810

값 10,000원

* 이 책은 한국예술인복지재단의 지원으로 제작되었으며
* 판매액 전액을 천주교 광주대교구 사회복지회를 통하여
가난한 사람들을 위하여 쓰입니다.

나답게, 사람과 더불어

시인의 말

사람은 사람답게 살아야 하느니
사람과 더불어
자연과 더불어
하느님과 더불어 살아야
후회가 덜 할 것 같았습니다
정년퇴임을 앞두고 수필을 배우고
시를 읽고 써보니
새로운 세상이 있었습니다
언제 하느님께 가더라도 여한이 없습니다
아름다운 세상에서
하고 싶은 일을 재미있게 하였기에,

2021. 10.
장봉화

차례

1 나답게 살기

2 사람과 더불어

3 자연과 더불어

4 하느님과 더불어

1

나답게 살기

한쪽에 쏠리지 말고
다양한 각도에서 바라보고
내 안의 자존감 길러주니
고뇌가 사라졌다.
-「자존감」 중 일부

거울

손주들한테 내 어린 시절이 있고
아들딸에게서 나의 중년을 본다
아내 얼굴에 내 현재가 있고
부모님 영정에서 나의 내일을 본다
이 모두 나의 거울들이다
안으로 들어가
조상을 유추하고
밖으로 나와
후손을 바라본다
거울 속의 업과 적을 보고
거울 밖의 상을 그린다
업業 적積 상相
옷깃을 여미며 숙연해진다
산다는 것은 서로 거울이 되어주는 것이다

빛과 그림자

장성 임권택 시네마파크
위대한 시인과 화가들이 찬란한 빛을 내고
그림자 춤새와 아름다운 선율 위로
민초들의 삶을 그대로 승화시켰어요
하늘과 태양 땅과 호수는 어우러졌고
빛과 바람, 물이 제 길을 가고
흙과 풀 나무와 꽃은
제 자리에 있었어요
혼이 노래하고 춤을 추면
그림자도 노래하고 춤을 추었어요
제국주의나 독재자를 찬양한 시혼의 그림자는
피눈물을 흘리며 한탄하고 있었어요
나 죽으면 사람들이
내 삶의 흔적이 빛이 난다고들 말할까
빛을 가린 그림자뿐이라고 할까

첫

한눈에 반하여 잠을 잘 수 없었다
인생은 흐름이고
일회성 이벤트의 연속이라지만
일생을 살아도 그 느낌은 그대로였다

오직 하나
첫
첫 여인
내 이름으로 지은 첫 집
살아가게 하고 가족을 살린 첫 직장
삶의 의미와 가치를 찾게 한 첫 신앙

한 번도 떠나지 못했다
아니 한 번도 떠나지 않았다

고지식하다고들 수군거려도
천연기념물이라 하는 사람이 있어도

첫, 은
영원한 나의 벗이요, 조강지처

이야기 싣고 노래 부르며
마르지 않는 강물 위에
천년만년 흘러가리라

방향에 대하여

방안에서 시청하는 해외여행
지금까지 겉만 보며 감탄했었지
찬란한 아름다움과 도타운 인정은
한 방향方向인 것을

얻어서 풍요로움이 아니라 내려놓아 자유롭다
세상 어디서나 따스한 방향芳香이 풍겨 나온다

국악관현악단 심포니 오케스트라
리오의 삼바축제 남미의 데모닉 글루미 선데이*
아프리카 어린이의 플라스틱 바가지까지
방향方響*에서 나오는
경쾌한 리듬은 긴 여운이 되고

같은 방향 걸어가면 순탄하겠지만
오로라와 무지개가 보이는
정방향과 역방향이 있어
미아 되지 않고 제자리로 돌아오네
여러 방향 어울려야 조화요 균형이며 중용이어라

방향芳香을 맛보면서 방향方響 소리 감상하네

*데모닉 글루미 선데이 : 눈물과 후회, 비탄을 먹고 자란 나무를 깎아 만든 악기.

*방향方響 : 당악에서 쓰는 타악기의 일종.

자존감

남들과의 비교가 나를 많이 괴롭혔다
스펙 돈 명예 외모 지위
많은 것을 갖추어야 하는 세상에서
세파에 휩쓸리지 않고 무엇도 아닌 나 자신이 되리라

가짜를 상징하는 것을 버려나간다
많이 싸웠다
잘 보여야 한다는 문화를 거부하며
끝까지 싸워서 얻을 수 있었으니
동글동글 귀엽게 오늘을 산다

한쪽에 쏠리지 말고 다양한 각도에서 바라보고
내 안의 자존감 길러주니 고뇌가 사라졌다

누구나 공감하게 따뜻한 위로를 주고 싶다

나이테

얼굴을 보면
그 사람의 품격을 알 수 있듯이
나무는 나이테가 모든 것을 말해준다 세월이 빚은 그림은
어떤 화가도 쉽게 그리지 못하리라
삶의 내력을 드러내는 자화상이요 자서전이다
따스한 햇볕과 혹독한 추위
땅이 갈라지는 가뭄과 지루한 장마
환경에 슬기롭게 적응하는 지혜를 배운다
선의 간격과 굵기는 나무마다 다르고
하나의 나무에서도 가지마다 다르니
순탄하게 자라온 나무는 없다
쓰라린 아픔이 있었고
치열한 경쟁과 살을 깎는 고통도 겪었으리라
집착을 놓아버리고
옹이를 껴안는 넓은 가슴으로
의미 있는 하루하루를 채워나가면
영혼이 아름다운 나이테를 남기는 것이 아닐까

침묵

내 말에 귀를 기울여주는 사람이 좋아요

쓸데없는 말로 파문을 일으키는 *관종關種은
엄마의 마음을 끌려는 어린애 같아요

선수는 경기 직전 어금니를 꽉 물어 정신을 집중하고
협상가는 간명한 말의 마디에다 무게를 싣지요

수만 번의 쳇바퀴로 행복은 오지 않고
지혜는 차가운 고요에서 솟아나는 것

말은 보완제, 균형이 근본자세
침묵, 좋은 인상을 주는 고고함이여!

*관종 : 사람들의 이목을 끌기 위해 온라인이나 SNS에서 무리한 행동을 하는 사람을 비하하는 인터넷 용어로, '관심병 종자'의 준말이다.

고치의 꿈

몸에서 뽑아낸 진액으로 몸을 감고
아무도 들여다볼 수 없는 천형의 감옥에서
스스로 적응하여 새로운 생명으로 거듭난다
한 번도 나를 떠나지 않았던 또 다른 내가
이곳에서 고뇌를 지닌 채 익어간다
떠나온 과거는 닫혀 있는 듯 말이 없다
지금까지 삶은 옛날이야기 같지만
새로운 입구에서 어떠한 멈춤 없이
그대로 하나로 이어 끊임없이 잇는다
고치를 뚫어야 나비가 될 수 있는데
나비가 되지 못하면 안에서 굳어 죽는 법
온전한 삶 살기 위해 보람을 생각한다
더 높은 곳 포기하고 고치 트고 돌아왔다
내 꿈은 아름다운 나비가 아니라
더불어 삶의 참의미 깨우쳐가는 것이다

황소

아이들과 개들이 뛰노는 애견카페
어른들은 삼삼오오 잔을 들어 커피 마시고
강아지 자랑으로 웃음꽃을 피워요
강아지들 꼬리 흔들며
목덜미에 오르고 가슴에도 안기니
주인은 기분 좋아 뽀뽀를 하네

소는 코뚜레와 고삐로 길들여져
쟁기 차고 논밭을 갈았지요
씩씩 콧김을 내며 짐도 나르며
뼈 빠지게 일해도 채찍질은 가혹했어요
외양간에서 여물 씹으며 생각에 잠긴
나이 든 어미소가 아들에게 말했어요
꼬리만 쳐도 안방에서 사랑받는데
어미 잘 못 만나 죽도록 일만 하고 두들겨 맞는구나

그래도 속 깊은 사랑은 제가 받아요
어떤 때는 콩을 삶아 별식도 해주고
목덜미에 땀이 나면 쓰다듬어도 주었어요
열심히 일하여 곡식을 생산하면

사람들을 배부르게 하는 보람이 있지 않나요

아가야 한 맺힌 엄마의 소원이다
다음 생애는 꼭 개로 태어나거라
엄마, 그런 말씀 마세요
다시 태어나도 저는 엄마의 자식으로 태어나겠어요

먼지

매년 수십억 톤의 먼지가 대기 중에 이동한다
아프리카의 먼지는 대서양을 건너고
아시아의 먼지는 태평양을 건너가니
푸른 구슬이 먼지 행성으로 변하고 있다

지구의 현재 시각 오후 9시46분
지구에게 남은 시간 2시간 14분
어찌해야 지구를 쉬게 할 수 있을까
기다리다 지쳐서 역병을 보내셨나요

수많은 사람들이 산전수전 겪으면서
마음에 때가 끼고 먼지가 쌓이듯이
하나뿐인 지구를 신음하게 했으니
상류사회일수록 많은 먼지 쌓이게 했으니

털어내지 않으면 눈에 밟히고
발에 걸리고 마음에 걸린다

누군가 내 방을 열어볼 때
잡동사니 실타래가 엉켜있지 않기를

오랫동안 방치한 내 마음
먼지 쌓인 모습이 아니기를

무공해 친환경농사

우리집 옥상은 아주 작은 농장
농약과 금비를 일체 쓰지 않는 친환경 농사
흙에서 나는 것이 달리 보여
이게 참 생명이지요
기분이 환상적이네 살아있네

씨앗 하나가 또 씨앗을 잉태하니
자식을 키우는 것 같아요
보고 있으면 훈훈하고 든든한데
손주는 자식보다 더 예쁘고 사랑스러워라

명절이나 주말이면 잊지 않고 찾아오는
아이들 덕분에 따뜻하고
손주들 재롱에 풍성한 날
아내는 공들여 준비한 것을 바리바리 싸준다

나는 덕담을 듬뿍 안겨준다
친구들과 함께 운동하고 책도 많이 읽어라
공부가 살아가는 힘이다
아이들은 흐뭇한 마음을 남겨두고

다시 돌아올 그날을 향해
초침 같이 바쁘게 멀어진다

연어

민물에서 태어나 수천 킬로 헤엄쳐
바다에서 살다가 고향에서 산란하려고
세찬 물살 소용돌이 거슬러
수십 미터 폭포도 뛰어넘어요

돌아가고 싶은 시점이 정해진 건 아니에요
값이 오르기 전 물건이 떨어지기 전
아쉬움과 욕망, 후회가 눈앞에 펼쳐지네요
남과 다르게 나만의 정체성을 지키며
주변의 환경을 변화시켜요

빛나는 보석을 알아볼 안목이 생길 리 없지만
위기를 기회로 돌리기 위해 의지를 불사르며
악을 응징하고 정화와 치유를 느끼는
지혜가 아마도 언젠가는 생길까
결정적인 순간은 바로 지금

죽은 물고기는 흐름대로 흘러가지만
흐름을 역류하며 살고 있는 물고기
언제 어디서나 힘찬 연어로 살기를,

곡예사

공중을 가로지른 외줄 위에서
걷고 앉고 눕고 뛰어오르는 곡예사
저만을 위해 춤추고 노는 것이 아니라네

놀람과 탄성을 일으키며 지켜보는 관객에게
어떤 위험한 것들도
선 아래 있는 것이라면서
슬픔과 기쁨 정의와 부조리, 선과 악
그 모든 것들이 양끝의 무게추가 되어
한 목숨 지탱하고 있다네

흔들리는 줄 위에 올라서서
일상을 평화롭게 유지하기 위해
양끝을 오가며 균형 잡는 것이라네

신호등의 시간

초록빛 신호등에 많은 사람들이
급하게 건너가는 것을 보면서
천천히 빨강 신호등에서 나긋해진다
가끔 혼자 걷는 산책길이 좋다
길가 식당에서 새어나오는 음식 냄새며
왁자지껄 들려나오는 사람의 소리가
한층 마음을 여유롭게 한다
앞만 보고 달린 청춘의 시절에는
자긍심 하나로 살아왔는데
연치가 들어 이 병원 저 병원
잦은 병치레로 인해 진료 받으러 다닌다
빨강 신호등을 보지 못한 적도 있었고
어떤 환상에 홀려 무단횡단을 했는지도 모른다
강 건너 불구경 같던 코로나19와
유례없는 장마와 폭우에 많은 사람이 먼저
다시는 건너오지 못할 신호등을 건너고 말았다
당장은 숨 쉬고 밥 먹으며 걸어 다니지만
다음에는 어김없이 자기 차례가 될 수도 있다
하지만 아침에 일어나서 기도하고
공부하는 감사한 시간을 갖는다

한없이 겸손하고 자애로워지는 나를 발견한다
지금은 어떤 신호등 앞에 서 있는지
찬찬히 살펴보아야 할 시간이다

방패연

갈바람 불면 연을 날리던 고향마을 하늘
키다리 전봇대가 우뚝 서 있다

할배가 먼저 산에 가 눕고
할매도 뒤를 따르면
빈집에 쥐가 살림을 차리고
달팽이가 노래 부른다
방패연 만들어 방패 삼아도
세월을 이길 수는 없다

언제 친구들 불러
우렁이 논에 키운 쌀로 밥을 짓고
열무김치 곁들여
신토불이 밥상 차려서
옛날 얘기 꽃피우면
시간가는 줄 모르겠지

방패는 창을 이길 수 없다지만
방패가 연이 되면 창공 위에서 자유롭겠지

꿈에 관하여

-철들기 전에

하면 된다, 큰 꿈을 가져라
더 많이 가지려고
더 높이 올라가려고 피 터지게 싸움을 한다
해서는 안 되는 일도 있고
나에게 유익하면 남에게 피해 주기 쉬운 법
씨 뿌리면 자라서 열매를 맺고
비워야 채워지는 것을
무엇이 되는 것이 아니라
무엇을 가지는 것이 아니라
버리는 사람이 큰 사람이다
되려고도 가지려고도 않으면서
꿋꿋이 자기 길을 가는 사람이 더 커다란 사람이다
깨달음을 얻으면
비로소 철이 들고 어른이 되는 법인데
철들기 전에 대부분 세상을 떠난다

2

사람과 더불어

적당한 게 좋은 거요
모두 함께 어울려야 좋지요
겉모양은 별것 아니야
인간미 넉넉하고 속과 겉이
한결같아야 하는 것이지요
-「입의 회고사」 중 일부

밥

밥은 각자의 환경에 어울려요

폐지수집인 박씨의 식당은 마을 뒷골목
간이 의자에 앉아
카스텔라와 두유로 한 끼를 때우지요

새벽 배송 쿠팡 노동자와 대리 운전기사
재빨리 해치울 수 있는
김밥과 라면이 주식이에요

이주노동자 조리법이 뒤섞인 고향밥과
고려인들의 짬뽕 잔치국수는
경계인의 삶의 상징
향수를 달래주며 동질감과 위로를 주지요

철도기관사의 일회용 도시락과 플라스틱 국통
육백 미터 막장까지 동행하는 광부들의
도시락은 멀고 깊은 노동에 동행하는 벗이어라

허기진 배를 채워주고
다른 날을 살아낼 힘을 주어요
오늘 하루 일을 마친 당신께 전하는 인사말
밥은 먹었니?

밥은 나에게 무엇인가요

주목

일백 년을 못 사는 인간들을
짠한 듯 내려다보고 있다
한 아름에 이르면 지나온 세월은 천 년이 넘어
비틀어지고 꺾어지고
속이 텅텅 빈 몸체가 처연하니
백두대간 명산마다 세상을 바라보는
나이 든 주목朱木
절대 권력자들 자신의 관 만드는 재료였지
이천 년 된 낙랑고분 주목관은 원형대로 남아 있고
용맹과 권세는 흔적도 없이 사라져 버렸으니
살아 천 년, 죽어 천 년은 결코 빈말이 아니다
솔방울을 달고 있는
둥그런 과실에 들어있는 우주
갸름한 열매와 씨앗 담는 흑갈색 그릇은
창의적인 디자이너의 작품이어라
분홍빛 말랑말랑 육질에 담긴 희망
누구나 따 잡숫고 멀리 가서 볼일 보시오
딱딱한 씨앗에 단 것 대신 독성 넣는 사전경고
씹지 말고 그대로 삼키시오
그 마음 안에 우주가 들어있다

지구에서 삼억 년 한반도에서 이백만 년
혹독한 빙하기를 수차례 이겨내고
자자손손 대를 이어왔지
숲속에서 몇 세기를 내다보는 여유가 생겨
들쥐처럼 넋을 잃고 몰려가는 현대인을
걱정스런 눈으로 주목하고 있다

입의 회고사

그렇게 요란하지는 않았어
인간이 창조될 때부터 살기 위해 먹었지
자나 깨나 앉으나 서나 들이든 산이든
어디든지 사력을 다하여 찾아나섰지
입에 풀칠하기도 어려웠던 시절
아끼고 남겨서 먹을 것을 보관하기도 했어
맛있는 음식을 보거나 생각하면 군침이 나오곤 했고

붉은 치마끈을 입에 물고 빵긋하던 그 입
적당히 크면 웃을 때 시원해 보이고
작아도 앵두같은 입술에 약간 도톰한 것을 선호한다오
다른 부위 오밀조밀하고 몸매까지 좋으면 금상첨화
좋은 치열 가지는 건 선택 아닌 필수조건이죠

입모양을 보고 좋은 말을 배우고 들을 수 있느니라
들어가는 향기마다 나오는 것은 악취뿐,
너무 무거우면 갑갑하고 너무 가벼우면 믿음이 없어
너무 짧으면 건강에도 해롭고 관계가 어려워
가까운 사람일수록 기를 살려주기보다 상처 주기 쉬우니까

입으로 시인하고 삶으로 부인하는 지도자들 들으시오
진실의 입에 손을 넣으면 거짓말한 사람의 손이 잘린다오
로마의 휴일에서 오드리 햅번이 증언하였소
격려하는 입 행동하는 양심이 그립습니다
영양가 높은 말이 아니면 그 입 다무시오
쓰잘머리 없는 말 입안에 가두어 두시오

적당한 게 좋은 거요
모두 함께 어울려야 좋지요
겉모양은 별것 아니야
인간미 넉넉하고 속과 겉이 한결같아야 하는 것이지요

차를 마시며

다방이 사라진 거리엔
커피숍이 한 집 건너 줄 서 있어요
에스프레소 아메리카노 카페라떼 카푸치노 카페모카
카라멜마끼아또
이름이 생소하여 과일 주스 한 잔 시켜먹으면
한 대접에 오천 원 이상이라
한 끼 밥값보다 많을 때가 있어요
마담도 사라지고 미스 김도 사라진 커피숍 구석에선
젊은이 몇 명이 앉아서 노트북을 뚫어져라 살피고
좋은 자리엔 한가한 마님들이
끝도 없이 수다를 떨고 있네요

차를 마시던 때가 생각나 행복해집니다
다방에서 친구들을 만나 홍차나 쌍화차 커피 마시고
중국집에서 짜장면을 먹었어요
다방에서는 감미로운 음악이 흘러나왔지요

직장에 다니던 시절 동료들과 식사에 술 한 잔을 걸친 다음
다방에 들러 종례를 했어요
어른이 마담의 손을 만지며 하시는 회고담을 경청했지요

젊은이가 밥값을 내면 나이든 어른이
그녀에게 종이돈 한 장 쥐어 주고 찻값을 냈어요

차 한 종지 값은 밥값의 십 분의 일 정도
깊고 험준한 산속에서 자연 상태 그대로
100년 이상 된 보이차나무
오염이 전혀 안 된 산속에서 자생하는 고차수의 찻잎 끓인
고수차古樹茶를 마시던 그 시절이
사람냄새 나는 우리들의 전성시대였지요

말하는 낙서

-사랑의 낙서

종잡을 수 없는 밀고 당기기를 거듭한다
오묘한 상대 마음 헤아리지 못해 쩔쩔매고
기싸움이 넘실넘실 둑을 넘을 듯 춤을 춘다

노력한다고 이런 작품이 나올 수 있을까
마음만 두근두근 기다리다 물먹기도 하고
잘났다는 줄다리기 서툴기만 한 사람

적당히 선을 빼서 휘돌린 것 같지만
잘 그릴 수 있는 자기만의 서체가 있다는 데
연인의 직장 문제를 고민하는 여성
반보 앞서려다 일보 앞서 가는 남성

휘갈겨 찍고 꺾어 높이 날렸으니
사랑과 전쟁 같은 드라마가 다채롭게 펼쳐지는
알콩달콩 로맨스는 예나 지금이나 비슷하다

자랑스러운 나의 매력 영상처럼 남긴다
사랑은 썼다가 지우고 지웠다가 또 다시 쓰는
낙서 같은 것이라고들 말하지 않는가

매미

입추가 지나자
주어진 짧은 생을 아쉬워하는 듯
텅 빈 몸으로 줄기차게 노래한다

여름 한철 울어대다 사라지는 매미는
높은 나무에서 이슬만 마시며 청결하게 사는데
수많은 고위 지도층 다주택 소유자들이고
많이 먹어 배부른 자들 벌떼처럼 달려들어 집값 올린다
인구 반 이상이 몰려 사는
수도권의 집값이 고공에서 널을 뛰네

예전엔 고결한 선비의 상징
왕이나 고관이 쓰는 관에
매미 날개 모양 장식 붙였지

집이 없는 세입자를
여름 한 철 밖에 모르는 매미를 빗대
식견 좁음을 탓하면서 불룩 나온 배를 두드릴 때,
때가 되면 떠날 줄 아는 신의를 갖추면서
남에게 피해 주지 않는 검소한 자부심이 있다
통하는 벗과 주고받는 노래로 서로를 위로한다

어떤 붉음에 관하여

-하얀 선혈

하늘에 철새들이 날갯짓을 하고 있다
초겨울 저녁 붉은 천지에 펼치는 오케스트라

날마다 소중한 목숨이 생을 달리하는
후진국형 사건사고
줄여보고 예방하자는데
경제에 악영향 끼친다고

사람에 따라 다른 잣대로
재고 있는 기울어진 운동장
차별 없이 같은 잣대로
조금 평평하게 고르자는데

다 먹지도 못할 밥 덩어리 움켜쥐고
막아서며 쏟아내는 말, 말들
민초들의 가슴에서
흘러나오는 하얀 선혈을 보라

노을보다 더 붉어라

칼로 벤 상처보다
말에 베인 상처가 더 아프다

순천만 들판을 훨훨 날고 있는 철새처럼
새해엔 모두가 가벼운 마음으로
파란 창공을 더 널리 날아다닐 수 있기를

운조루

구름 속에

새처럼 숨어 사는 집

허기진 사람 누구나 들어와

쌀 한 됫박 담아갈 수 있었기에

동박새 동백나무 가지에서 노래 부르고

벌들은 꿀을 빠느라

넋을 잃었네

저녁엔 외로운 목련꽃 찾아온 달빛 친구

종부는 옛 할미 떠올려 미소를 짓고

지나가는 나그네

먹지 않아도 배부르더라

배달의 기수

마장동 시장에서 밥상을 배달하는 오토바이
삼층 밥상을 이고 있는 순자 씨가 앉아 있어요
새벽 네 시부터 저녁 다섯 시까지
아침과 점심 하루에 두 번씩
좁은 골목도 이리저리 빠져 나가요
순자 씨 목에 걸려있는 빨래집게는
밥상을 덮은 신문지를 잡아주지요
어른이 되기 전 섬에서 나와 안 해본 일이 없지만
나이 들고 빚만 늘었으나
밥상 배달 육 년 경력에
요리부터 배달까지 주인이고 종업원
십여 가지 반찬에 밥값이 육천 원
김치찌개가 아니라 고기찌게
넉넉한 인심 덕에 단골만도 수십 명이 넘어
요즘처럼 신이 날 때는 없었네
배달의 기수는 오늘도 내일도 쌩쌩쌩쌩 달려가지요

라 마딘나

하늘을 걷는다 평지를 걷는 것처럼
톡 쏘면서 달짝지근한
야자 수액 '라' 채취꾼 '마딘나'
나무와 나무 사이에 네 가닥 밧줄
오르내리는 나무에는 코코넛 계단 만들고
밧줄과 계단은 육 개월에 한 번씩 교체하지요
사전에 해충을 제거한 후
무사하기를 간절히 기도하지요
소지품은 큰칼과 밧줄 수액통이 전부
이십 년생 야자나무는 칠 층 건물 높이
해충은 물론 세찬 비나 태양열과 싸우면서
삼십 미터 크기의
야자나무 꽃자루 윗부분을 잘라 얻는 수액
한 번에 열 그루씩 하루에 두 번
한 통 채우려면 스무 그루
일당 팔백 루피 우리 돈으로 팔천 원 받지요
하늘에 걸린 일터 하늘을 걷는 곡예사
그의 몸은 후들후들 보는 사람 아슬아슬
오늘도 무사하게 해준 신에게 감사하고
선물을 준 자연에게 또한 감사하네

수액 채취는 가장 즐겁고 잘 할 수 있는 일
돈 벌어 가족들 배불리 먹여 좋고
천직이 되었으니 하늘에 또한 감사하네

노래가 울음이 되면

아픔이 아픔에게 말을 건다
세월호 희생자 가족 일반 시민들
노래하기 위해 매주 한 번씩 모인 합창단
울지 말자고 수차례 다짐했어도
꽃처럼 빛나던 아이들이 떠올라서
노래는 금세 울음이 되었지요

위안부 피해자 할머니
산업현장 재해 사망 노동자
부당해고 비정규직 노동자
가습기 살균제 피해자들 모이면
울음은 어느새 노래가 되었어요
노래가 울음이 되면 울음은 노래가 되지요

아이의 비석

1980년 5월 24일 동네 뒷산에서
친구들과 신나게 놀고 있던 11살 전재수 어린이
총소리에 놀라 걸음아 날 살려라 도망가던 중
고무신이 벗겨져 그걸 찾으려고 뒤를 돌아보다
계엄군의 총에 맞아 죽었다
며칠 전 생일에 부모님이 사주신 새신이었다

고이 잠들어라

어떤 말을 더 넣을 수 있을까
삶을 기록하기엔 생이 너무 짧았고
슬픔을 새기기엔 비석이 너무 작다

엄마도 시름시름 앓다가 4년 후 아이를 따라갔다

목소리

병풍처럼 펼쳐진
안개 낀 허공을 향해
세상을 떠난 자식에게 안부를 묻는 쓸쓸한 외침
돌이킬 수 없는 시간
다시는 볼 수 없는 사람을 향한
그리움의 목소리가 메아리친다

너는 가장 사랑스러운 존재란다
내 영혼과 피보다 더 사랑하는 너를 신이 지켜줄 거야
목소리를 들으니 좋아요

일 년 중 단 하루라도 4월 16일에는
진도 맹골도 앞바다로 나가서
바다 저편 가족에게 안부를 전한다

뿌옇게 채운 안개를 타고
부모와 자식의 목소리가 오간다
혹여 제대로 전달되지 않을까
목청 높여 외치는 울먹이는 소리
만날 수 없는 이들의 안타까운 마음을 실어나른다

진실은 더 나은 세상 위한 과정이어야 할 텐데
여전히 제대로 가 닿지 못한 목소리는 하늘을 떠돈다

인류사의 거울

삼 년에 한 번 꼴로 외환이나 내란 겪고도
민족의 유구한 역사를 지켜온 나라
가장 쉽고 온갖 소리 다 적을 수 있는
세계 제일 한글로 문화를 계승하며 창조하였네

수십 개의 식민지국 중 헌법과 정부 군대 가지고
열렬히 독립운동을 전개했던 유일한 국가

시민을 살육하는 공수부대에 저항한 광주민주화운동
무정부상태에서 단 한 건의 절도나 방화 없었고
치약과 화장지 나눠 쓰고 주먹밥과 김치 나눠 먹었다

불의한 대통령을 수천 만의 시민이
활활 타오르는 촛불로 끌어내려
세계가 경탄하는 투명한 민주주의 바로 세웠다
지배받던 나라가 지배했던 나라에 앞서 간다
도움받던 나라에서 도움을 주는 단 하나의 나라

포스트 코로나 시대
지구촌의 중심에 혜성처럼 떠올랐으니

한민족의 자부심이요
인류사의 거울이다

널배

바다 저 멀리 물이 빠지면
작은 널배에 왼 무릎 얹고
오른발로 이리저리 잘도 미끄러지네
낙지가 보이면 좇아가서 재빨리 잡아채고
갯벌과 한 몸이 되어 꼬막도 줍고 굴도 캐고 키조개도 잡지요

조금만 더 조금만 더 하다가 넘어지고
물이 목에까지 차서 간신히 살아난 적도 있었지
언제라도 놓을 수 없는 건 널배였어요

잘못하면 허리춤까지 빠지는 갯벌
널배는 생명보험 갯벌은 보물상자
대대로 갯벌에 기대어 살아왔지
자식들 키우고 가르치게 해준 널배
남편보다 더 중하고 자가용보다 더 귀하다오

오늘 하루도 널배야 애를 썼다
너도 그렇고 나도 그렇고
어떻게 살아왔는지 신기하기만 하다
이 배를 탄지 예순 해가 넘었다

예전엔 날아다녔는데
뭍에 나오면 유모차가 앞에서 끌어준다

무릎을 다쳐 수술을 받고서야 은퇴를 했다
내가 울자 갯벌이 울고 널배도 섧게 울었다

할머니를 밀고 가는 손수레

가파른 언덕길 폐지 실은
작은 손수레가 할머니를 밀고 간다
일찍 집에서 나와 시작하는 일과는 분주하다

교직자였던 여인은 남편과 사별하고
아들 하나에 희망을 걸어 퇴직금을 사업 자금으로
아들은 하늘로 가고 며느리는 아이 두고 집을 나갔다

들어가기 힘든 비좁은 고샅길도 안 닿는 곳이 없고
캔과 병 같은 작은 것은 큰 포대에 담아
쓰러질 정도로 높아지면 노끈으로 칭칭 동여맨다
한 수레 가득하면 오천 원 건네는 고물상 주인
돈을 손에 쥔 노인 환한 웃음 짓는다

이마에 맺힌 땀 닦을 새도 없이
길모퉁이에 앉아 허겁지겁 두유와 빵 삼키고
땅거미가 질 무렵 일만 오천 원 정도 손에 쥔다
경적을 울리는 차들을 피해 어둠속으로 사라지는 손수레
어린 손자의 환한 얼굴 그리며
왜소한 할머니는 바빠도 느릿느릿 걸음을 옮긴다

여름밤

할아버지 제삿날 마당에 피웠던 모깃불 연기
하늘 향해 느릿느릿 돌아 오르는 춤사위 보고 있으면
사촌누님 사촌형님 시집간 큰 누님이 함께 하였고
평상에 앉아 강냉이로 하모니카 불면서
강낭콩과 감자를 곁들인 맛 일품이었네

어머니가 정성들여 젯상을 준비하면
농사짓던 아버지는 해진 뒤에 오셨고
은하수 사이로 별들이 댓잎처럼 촘촘히 박혀있었네
그때 그 자리에 있었던 분들 하느님을 따라가고
모깃불과 별 보리밥과 풋나물 햇과일과 고기국물 추억

그리움과 아쉬움이 우수에 젖어 가슴 속을 적셔요

바랑키야축제

파도와 펠리컨의 안내를 받으며 찾아오면
도시 전체 열기가 후끈 달아오르네
시장이 붐비고 즐기는 게 인생
손님과 점원이 따로 없고
너도나도 출연자고 관객이어라
얼마나 즐기는지 아무도 몰라
천 가지의 가면이 마주보고 섞여서
마법에 걸린 듯 라틴댄스에 젖어
춤을 함께 나누면 금방 친구가 되고
사람과 사람사이 벽을 순식간에 허무니
모두가 바랑키아 시민 모두 한 형제
독특한 의상과 분장이 총출동
준비에만 몇 년씩 걸린다지요
카니발 전야의 등불은 좀처럼 꺼지지 않아
사랑을 듬뿍 받는 수퍼스타는
축제의 여왕 '레이나'
본인의 기쁨이요 가문의 영광이라
무용과 뮤지컬 가장무도회의 행렬
리듬과 멜로디가 함께 꽃피는 춤의 열기
원주민의 전통과 식민지세대의 아픔을 보존하며

가족을 위하여 이웃을 위하여
삼바축제와 맞서는 전통이자 기쁨이지요

정카누축제

바하마Bahamas의 전체 거리가 들썩인다
아프리카에서 끌려온 노예들의 크리스마스 휴가
고향에 대한 그리움을 가족과 함께
춤과 음악으로 날려 보내던 것
세계인 축제되어 여행자들로 뜨거워진다
화려한 의상이 춤과 음악과 결합하여 남국의 밤을 수놓고
경쾌한 리듬과 멋진 퍼레이드가 뜨겁게 빠져든다
우리는 하나다
기다리고 준비한 의상은 재활용품
별의별 소품으로 장식하니 크고도 무겁다
이마와 목 온 몸에서 땀이 비 오듯 쏟아지고
아프리카의 토종 음악과 타악기는 독특한 개성
퍼레이드는 끝나도 열기는 식을 줄 모른다
옛날 아픈 상처는 빛나는 문화유산 되니
정카누는 바하마의 자랑, 축제의 밤이 깊어간다

3

자연과 더불어

오월에 피는 백합 은방울꽃이여
성모 마리아의 눈물에서 피어나
앙증맞게 살살 흔들리는 꽃
선과 악에서 신앙과 바른 길을 택하니
-「은방울꽃」 중 일부

동백꽃

겨울철 눈 속에서 피는 새빨간 세한지우歲寒之友
일만 명이 넘는 신자들이
동백처럼 처연하게 처형되니
회백색 매끈한 껍질
진초록 앞면 연황록 뒷면
어긋난 이파리가 두껍게 톱니처럼 변해버렸네

혼례식 땐 자기 항아리에 대나무와 함께 꽂아
부부 백년해로 기원했건만
라트라비아타 동백꽃 상시 품은 마르그리트
서울 간 님 기다리는 동백아가씨
이루지 못한 깊디깊은 사랑이어라

삼천리 방방곡곡 목을 베는 참수형
한꺼번에 톡 하고 꽃 전체가 떨어지니
선혈이 낭자하여 피바다를 이뤘네

하늘 문, 구름

구름은 많은 이야기를 들려주어요

인간 마음 본래 모습 그대로 그려주고

벽이 없는 하늘에 비둘기와 양떼를 걸었네

지성이면 감격하고 잘못하면 경고하며

심한 가뭄 기우제에 비를 내려주고

세조 때에 분신사리分身舍利 오색구름 나타났네

기분 좋아 밝은 표정 화가 나면 뇌성치고

교황 방한 광화문 하늘에 십자가를 헌정했지

세월호의 큰 슬픔 원주 하늘에 노랑 리본 매달았어

생명들이 눈뜨는 곳마다

침묵의 언어로 하늘 문을 열고 닫네

목련

낙향한 고관대작 양반집 외동딸 연화는
이웃집 돌쇠와 눈이 맞아 사랑을 했다네

사내는 죽음을 피해 달아나 소식이 없고
병이 난 소저 가슴에 붙은 불 혼백이 되고
온 땅에 봄기운 일자 메마른 가지에
눈부시게 새하얀 꽃을 피워냈어요

가지 꼭대기마다 낱낱의 고고함이여
순백의 색깔 또한 높은 품격 돋보였지요
준비도 남다르니 추위를 잘 견디게 설계하였네

겉에는 갈색 긴 털 촘촘히 덮여 있어
붓 모양 꽃눈 그 지혜 또한 경외스러워
먹을 적시려 해도 끝내 할 수가 없네

임이 떠난 북쪽만을 향한 그 절개
춘향이나 두향이며 자야를 뛰어넘었어요

봄눈 내려앉은 꽃잎은 순결보다 더 깨끗해

밤사이 함박눈 내려앉은 창경궁 정원에
탐스럽게 피어오른 하얀 혼에 시민들은 감격하고
코로나 병동에서 백의천사 입과 귀에서 피어났으니
세상의 어떤 눈부심이 이보다 더 진할까요

철쭉꽃

연분홍빛 꽃 모자를 뒤집어쓰고 피었네요
연해주의 20여 만 고려인들은 짐짝처럼 끌려갔어요

험한 산 높은 봉우리에 해와 달이 낮게 보이고
노랑 노을이 집을 짓는 것을 보면서
열차의 화물칸에 실려 혹한의
중앙아시아 갈대밭에 내동댕이쳐졌어도
피눈물로 주검을 내던지고도
박토와 질풍에 인내와 끈기로 피어났고
끈질긴 적응력은 바위틈과 야산에서도 죽지 않고 살아 있어요

선녀들의 노랫소리 은은하고
하늘 달그림자 현란한 몸동작을 하면
한과 슬픔으로 시작하여 사랑과 희망으로 환생했어요
절개는 논개보다 강하고 양귀비보다 더 붉었으며
아름다움은 수로왕비도 머뭇거리게 하였지요

선율은 아리랑으로 메아리쳤어요
중앙아시아 멕시코 하와이 엘에이(LA) 연변과 도쿄에서

정선 밀양 진도와 독도 서울은 물론 삼천리 방방곡곡에서 울려 퍼졌어요

구름 속에 솟은 누각 안 잠속에서도 환희와 영생을
꿈꾸고 있지요

별꽃

추운 겨울 지난 후 봄볕에
새 별처럼 다가오는 꽃
어둠이 짙을수록 별이 빛나듯
초록 풀밭 별꽃은 더욱 환하네

해가 하늘에다 별을 만들고
땅에다 씨 뿌려 별꽃이라네
숲속에도 내 안에도
은하의 별처럼 반짝반짝 빛나네

멀리 보면 아니 보여도
사람 가까이 더 어여쁜
옛날 애기 속삭이는 아기처럼 별처럼

보살피지 않아도 잘도 자라고
어떠한 꽃들과도 어울리면서
함께 하여 반갑다고 깜빡거리네

매화

어렸을 적 눈이 오면
마을 청년들 그물 갖고
산으로 토끼몰이 갔었지

이월 중순 남녘에 눈이 쌓였고
대도시엔 바이러스의 불안이 떠도는 사이
다투어 마스크 사겠다고 아우성이다
이번 것은 얼마나 오래갈 것이며
그다음 것은 언제 또 올 것인가

첨단 과학 문명시대
북풍한설 어수선한 시절 틈새에
매화는 꿋꿋하게 피어올랐다

황매화

봄이 한창 익을 즈음

자그마한 나무에 진초록 잎 샛노란 꽃

매화를 쏙 빼 닮아서 황매화라네

간택 받지 못하고 쫓겨났어도

시 속에 등장하는 영광도 누렸으니

뒤뜰을 지키면서 만족하며 살아가지요

둥근이질풀

알게 모르게 제 할 일 하는 생태계

모난 돌들 물 따라 굴러서 둥글어지고

별들은 모두 사계의 질서를 따른다

잎이나 줄기 꽃이나 열매도 각진 것 없어

둥글둥글 돌아가며 완성되고 있어요

세상을 오르내리며 내 마음도 둥글게 휘어졌을까

생각을 뒷받침하듯

둥근이질풀이 모습을 드러낸다

다섯 장 꽃잎이나 잎사귀들 모두가

최선을 다해 둥글어지려는 둥근이질풀이다

큰개불알꽃

아이들 앞에서
부르기 거북하구나

작아도 아름다워
수술 보고 서양에선 새의 눈
우리는 땅위의 비단이라

신기하고 놀라워요
곤충의 도움 없이 암술에 접하는 수술
생명력 대단하구나

작은 것이 크다고 우기고
왜색 짙어 거북하다
기쁜 소식 전해주니
봄까치꽃으로 불러주면 좋지 않겠니

은방울꽃

삼월이면 막에 싸인 잎 땅 위로 나와
밋밋하게 길쭉한 타원형으로 짙어져
오월에 피는 백합 은방울꽃이여
성모 마리아의 눈물에서 피어나
앙증맞게 살살 흔들리는 꽃
선과 악에서 신앙과 바른 길을 택하니
연인들은 꽃다발을 만들어 주고받지요
뿌리를 포함한 전체를 약제로 쓰고
피는 달 이름 따라 오월화
코 안에 냄새 좋아 향수화
'순결'*을 더하여 '다시 찾은 행복'*이라
바람이 불어오면
은은한 향기가 종소리 따라 퍼지네

* 꽃말

쥐오줌풀꽃

안개가 자욱한 지리산 높은 자락

수풀을 배경으로 막바지에 피어난 쥐오줌풀꽃

원앙 같은 한쌍이다

뿌리 냄새 고약하다 말들 하지만

생존을 위한 저만의 전략이다

이해하고 보듬으면 쥐오줌도 향기롭네

아랫마을에선 여름으로 들어섰는데

더디게 가는 세월 기다리는 느긋함

서둘러 앞서가는 것들을 어설픈 듯 바라본다

청초하게 피어난 아름다운 봄꽃

나무

인간에게 나누고 베푸는 겸허함이라
비워서 채우고 버려서 만들어
빙하기 이겨내고서 억만년 대를 이었네

잎 돋아 화사한 꽃들을 피워내고
햇빛 공기 물로 자라 열매를 맺어
잎과 씨를 떨구어 먹이로 제공한 후
비워서 엄동설한을 이겨내고 있구나

공기와 그늘 목재로 사람을 위하고
숲으로 홍수와 가뭄 막고 물까지 주는
생명의 은인이면서 으스대지 않아요

더 높이 더 빨리 버둥대지 않으면서
간섭이나 시기 않고 민폐 또한 끼치지 않아
어떻게 살아갈까를 보여주는 스승이어라

자작나무

영하 30도의 혹한을
껍질 하나로 버틴다
눈밭 속에 처연하게 서 있는 하얀 나무들
종이처럼 얇은 껍질 층층이 쌓여
흰 가루가 묻어날 것만 같다
불붙으면 오래오래 자작자작 소리 낸다네
결혼식에 켜는 나무라
화혼이고 화촉을 밝힌다고 했구나

새하얀 바탕에 아름다운 무늬 있어 가구 만들고
건강에 좋은 수액 고맙기도 해라
빈 땅이 생기면 바로 찾아와 숲을 만들고
다른 나무 치고 오면 조용히 사라지니
내 손으로 일군 땅
욕심 버리고 부富는 당대로 끝낸다
고상하고 단아하게 처신이 깔끔하니
군자 중에 군자로다

자작나무 숲속에만 있는 몽골지방 유적
이탈리아 석제단검 손잡이 인디아 불교경전

신창동 유적이며 경주 천마총
바이칼의 민간 경서 자작나무 사용했네

100년을 못살아도 영원한 생명을 이미 얻었고
하늘과 땅 사이 지역과 지역 연결하는 세계수로다

바오밥나무

그네 타고 타잔놀이 아이들의 놀이터
거꾸로 매달린 열매는 호롱박인가 죽은 쥐인가

점액질 과육에 우유 넣어 시원한 음료
껍질과 이파리는 염증치료제
나무껍질은 밧줄과 옷감 만드니
하나도 버릴 것이 없어라

건조한 땅에서 천 년 이상 살아내니
끈질긴 생명력 신이 들어 사는 나무
키는 하늘 닿고 양팔로는 품을 수 없는 몸통
강렬한 햇볕 받아 흰색 꽃을 피워내네

악마가 시기하여 가지를 땅에 밀어 넣고
뿌리는 공중으로 향하게 했다네

어찌하면 좋을까요
과도한 질투 받아 희귀종이 되었으니

바니안나무

낮에는 수염 난 도사이더니
밤에 보니 처녀귀신 섬뜩하더라
가지에서 나온 수염 땅 닿으면 뿌리
단시일에 숲을 이뤄 또 하나의 가족

동글한 달걀 모양 크고도 뻣뻣한 잎
어두운 갈색 이불 덮은 줄기
무화과를 꼭 닮은 꽃과 열매 신이 깃든 성스러운 나무로다

불어와 쉬었다가 몰려가는 바람
바니안 숲속에서 이루는
또 하나 원숭이 가족
하느님 보시기에 좋은 자연의 선물이로세

*바니안나무 : 인도 동부가 원산지며 홍콩, 마카오, 타이완, 베트남 등 따뜻한 곳에서 자란다.

칠선 계곡

야성이 살아있는 자연이 숨 쉰다
너른 암반 사이로 소리까지 시원한 칠선폭포
얼음장이 따로 없다

고개를 넘으면 폭포가 나오고
골짜기를 건너면 또 폭포 나온다
물속에는 그림 같은 풍경이 가득 펼쳐 놓았다

아무데나 허락하지 않을 숨어있는 폭포
한 굽이 넘을 때마다
비밀의 문을 펼쳐내는 칠선계곡
여섯 가구가 살고 있다

산골짜기에 꼭꼭 숨어 있는 집 한 채
가재가 머리를 처박고 숨어있다
하루도 같은 곳이 없다는 산골의 삶
허브 같은 냄새가 난다
태초의 느낌이 있는 숲속의 집이다

깊고 인적 드믄 산골 생활
집주인의 인심까지 더해진 맛
무슨 말이 더 필요할까

오늘 좋은 인연 만나 잠을 잘 자면
내일 또 더 좋은 인연을 만난다

금오도의 봄

쪽빛바다 초록물결 속삭이면
바람에 날리는 달콤한 밤 내음

바람 따라 퍼지는 봄소식
겨우내 몰아치던 하늬바람 떠나고
주민들의 바다 텃밭에서
바구니도 바쁘다 돌미역 파래 김
뒷밭에선 새싹이 고개를 내미네

날씨도 따뜻해 방풍이 일찍 터져
등짝에 짊어지고 집으로 돌아가요

동쪽에 햇바람이 불어오면
어부들은 봄바람을 반기지요

겨울이 가면 봄이 오듯
순리를 따르니 그물에 물고기 가득하네

밥상에 빠질 수 없는 숭어
살이 탱글탱글하네

굽고 회를 떠서 방풍에 싸 먹지요

금오도에서만 맛보는 진한 향기
그토록 기다렸던 찬란한 이 봄

오늘도 봄바람 타고
행복이 멀리멀리 퍼져나가요

관매도

선녀들이 내려와
곡식을 찧었다는 방아섬의 남근바위
옥황상제의 전설 담은 돌무덤과 꽁돌
할매도깨비가 나왔다는 할미중드랭이굴
뛰어 날면 건널 수 있는 50여m 높이
바위섬 잇는 하늘다리
여자가 쳐다보면 아이를 낳을 수 없다는
쌍구렁이 바위에 넋을 잃었네

북쪽 끝 해식절벽 자아내는 탄성
수만 권의 책을 쌓아놓은 듯
파도가 만들어놓은 해식동굴다도해의 장엄한 일몰
하늘과 바다 사이
붉게 물든 태양이 쇠잔해져
바다 속으로 들어가 어둠이 무겁게 깔리면
맑은 밤하늘엔 초롱초롱한 별빛만 쏟아지고 있어요

천관산

가끔 흰 연기 같은
이상한 기운이 서리는 신산神山이어라

암자들 사라지고 절터와 몇 개의 석탑
석불이 옛정을 되살리고 치솟은 봉우리들
잠자던 부처 마음 가슴에서 솟아나네

깊은 계곡 예쁜 단풍 수놓으며
푸른 동백 수려한 주변경관 바닥에 깔고
수십 개의 기암괴석 꼭대기에 삐죽 솟아
주옥장식 천자의 면류관 천관산이라

남해안 득량만 월출산 제암산이 한눈에 들어오며
산과 바다, 들과 하늘이 풍광과 절묘한 조화 이뤄
남녘땅 명산들 중 명산이라네

찍찍 찌르르르 수십 종의 새들이 비상하는
소나무 졸참나무 동백나무 비자나무숲을 지나
광대한 억새밭에 누어 하늘을 쳐다보니
인간 또한 자연의 일부 생명 있는 것은 애달프다

구름

구름은 만물을 살리는 생명의 은인
목마르다면 대지에 흠뻑 비를 내려주고
한 더위엔 그늘 만들어 땀을 식혀주네

춥게 자지 마라 낮게 깔려 솜이불 되고
안개나 이슬 되어 갈증 난 풀꽃 적시며
서리로 변해 곡식이 익기를 재촉하더니
눈으로 변해 꿈의 세계로 이끄는 요술쟁이

여유롭게 떠다니다 산머리에 쉬어가며
평화로운 비둘기나 양과 토끼 강아지가 되고
재롱 피우는 돌고래도 되는 친근한 존재여라

아이들의 꿈이 영글게 하는 어머니 같은 마음
오로라와 무지개로 경이로운 감탄을 끌어내어
그리움과 추억으로 간직하게 한 속 깊은 지혜

공기가 오염되면 카나리아처럼 즉시 반응하며
좋은 일엔 아름답고 상서로운 모습으로
나쁜 일엔 청천백일에도 번개와 벼락같은

정의의 칼 휘두르는 두려운 존재

마음의 거울이며 인생의 길잡이예요

여름밤의 애가

봄날의 햇살 같은 따뜻한 사랑이었지
이루지 못한 사랑이어라
떠나간 연인에 대한 그리움이 사무치고
꺾인 장미의 모습을 바라보는 서글픔이 녹아나네

연인 잃은 뱃사공이 호숫가에서 환상에 젖어
깊은 비애와 불안이 차가운 달빛 속에 섞였어라

지하에서 눈물짓는 영혼을 그리는 듯 우아한 애가
변함없는 연정이 신비로우면서도 정열적이다

사색에 잠긴 이국풍 여인의 고혹적인 자태
허무한 탄식이 부드럽게 이어지며
별똥별이 사라지듯 기나긴 여운을 남긴다

오로라

하늘이 맑고

별이 총총하다

칠흑 같은 어둠 속에서

오로라가 나타난다

영상으로 목격하는 신비의 빛

태양 빛의 입자와

지구의 공기 입자가 만나

표현할 수 없는 아름다움을 펼친다

신의 영혼 오로라

색깔이 춤춘다

구름이 춤춘다

빈 화분

사람들이 꽃을 좋아하니 저도 기뻐요

백일홍 봉숭아 천일홍 나팔꽃
온갖 꽃 피우려면
잔 돌과 모래 흙과 퇴비 섞어 채우고
꽃대를 지탱하며 물과 양분 주기 위해
숨이 막히는 힘든 고통 견뎌야 해요

뿌리는 땅을 향하고
잎과 줄기는 해만 바라보며
꽃들은 만면에 웃음 띤 애교를 부리는군요
사람들은 꽃의 아름다움에 감탄하지만
태어나기까지 산통과 밑받침엔 관심 없어요

꽃들이 시들고 수명 다하여
탱탱하던 줄기와 잎 꽃들이 사라져도
씨앗 속에 내일을 살고 있는 꽃들이 있지요

내년에는 무슨 꽃을 피워낼까

꽃을 보며 좋아하는 웃음 띤 얼굴
내년을 손꼽아 기다립니다

처서 소묘

땅에서는 귀뚜라미 등에 업혀 오고,
하늘에서는 뭉게구름 타고 온다네
산소 찾아 벌초하며 책 말리는 계절
한낮 뙤약볕은 섭씨 35도를 넘나들었지

어느새 구월로 접어드는데
태풍 하이낙이 쫓아오네
기나긴 빗줄기는 계절이 무색하게 맹렬하고
코로나19라는 감염병은 꺾일 줄 모르니
광화문에서 *야랑冶郎이
자기 잘났다고 떠들어 대는 날궂이 때문인가

처서에 비가 오면 천 리에 천석 감해 흉년이 들고
덥다 덥다며 짜증 속에 불쾌지수 올라간다지만
저 언덕 너머 들판엔 이미 가을이 오고
스산한 공기가 콧등을 시큰거리게 해요

철들면서 오랫동안 고락을 함께 해온
상념이 극성스럽게 뇌리에 어른거려도
살아 있어 살기 위한 원초적 본능을

꽉 움켜잡고 내일의 눈부신 태양을 기다리고 있어요

*야랑冶郞 : 유흥이나 도박 따위에 빠진 사람.

4

하느님과 더불어

고난 받고 죽임 당한 메시아
그는 말씀하셨네
네 이웃을 네 자신처럼 사랑하여라
사형집행관은 말했어요
이 사람은 참으로 하느님의 아들이었다
-「슬픈 예수님」 중 일부

발바닥

만족한다고 할 때 왜 발 족足자를 쓸까

표면적 작아도 띵띵한 무게를 감당하느니
수많은 땀샘과 신경이 모여 있어
색으로 건강상태를 가늠할 수 있다

흙길을 걸으면 바닥 감촉 그대로
푹신푹신 관절에 무리가 가지 않아
푸릇한 나무와 흙의 조화 자연스럽다

싱그러운 초목들이 느긋하게 한다
자연의 일부 되어 부드러운 느낌
흙 위를 딛는 걸음 발바닥이 흐뭇하다

더위 뒤에 추위 오고 밤을 새면 아침 오듯
성공과 기쁨 실패와 슬픔이 영속하지 않듯이
사랑과 미움까지도 영원한 건 아니다

행복의 바탕에 만족이 있다
내려놓음으로써 행복하고

치유 또한 족함으로 시작된다

발바닥은 맨 밑에 있지만
이상은 끊임없이 나아간다
저 높은 곳을 향하여

예수님의 가르침

괴질은 마귀의 짓이라 하면서
'박근혜 시계' 찬 팔뚝을 땅에 대고 용서를 빌었다
호화로운 궁전에서 누리는 향락 속에
마음 여린 신자들 울부짖고 죽어갔다

종말론 주술적 종교의식 헌금 강요
권위주의 신비주의로 치장하니
으리으리한 성전에서 돈 냄새 새어난다
소원성취 못하면 믿음이 없는 거야

돈 많이 벌고 자식이 성공하며
건강하게 오래 살게 해주소서
목자는 천국행 티켓을 예약하라
교인들은 박수치며 아멘을 외친다

그들의 신은 부활의 예수님이 아니다
유다는 양심의 가책으로 자살이라도 했다
예수님이 기가 막혀 허허 말을 잃었다

평생 가난한 사람과 함께 지낸 예수님

가장 약한 자들에 둘러싸여 세상 속에서 살았다
믿음은 말이 아니라 행함이니라

침묵기도

순간의 추락사고로 사경을 헤매는 군병사
휴가 중이던 부모님이 비행기로 날아왔다

수도국군통합병원으로 이송하겠습니다
가장 가까운 대학병원으로 갑시다

말할 수 없는 고민, 전우관계, 성소수자 등 아시는 것 있습니까
아니오, 제 아들은 전혀 그런 사람 아닙니다
어떠한 책임도 묻지 않겠으니 사람만 살려주십시오

하루 걸린 응급 수술
삼년 같은 사흘이 지나서야
죽었던 아들이 깨어났다

죽음을 이겨낸 통절한 침묵기도
말은 단호한 딱 세 마디
어머니가 아들을 살렸다

슬픈 예수님

평생 처음 TV 봉헌 부활주일
햇볕은 따사로움을 몰고 오고
바람은 얼굴을 간질이며 꽃은 터져 나왔는데

고난 받고 죽임 당한 메시아
그는 말씀하셨네
네 이웃을 네 자신처럼 사랑하여라
사형집행관은 말했어요
이 사람은 참으로 하느님의 아들이었다

세상 권력의 유혹을 이겨내고
사람의 아들로서 본분을 다하여
하느님의 아들로 승화한 것이라

난세의 신앙인 중 누가
슬픈 예수를 위로할 수 있을까

노숙인

없다고 동정하지 말고
게으르다고 낙인 찍지 마세요
전 취하지 않았어요
미치지도 않았어요

나에게도 사연이 있답니다
잘 나가던 때가 있었습니다

투우장에서 칼이나 창으로 찌르며 싸우라 해도
그냥 멀리 앉은 여인들의 꽃을 보며
그 향기에 취해 있을 뿐이었지요

왜 필요 이상으로 바쁘고
필요 이상으로 벌어야 하고
필요 이상으로 일해야 하나요

치기 힘든 공은 치지 않고
잡기 힘든 공은 잡지 않는
본연의 야구를 할 따름입니다

지구의 수명을 연장하는데
큰 공을 세운 사람 누구인가요

왜 나를 버리고 남이 원하는
피 터지는 경쟁을 하는 것입니까
꼭 성난 투우처럼

빛에 관하여

- 노숙인을 만나

배식 봉사를 하고 돌아오는 길
어느덧 어둠은 밝게 빛나던 하루를 집어 삼키고 있다
노을빛은 마지막 남은 빛을 발산하고 있다
그 순간은 너무 짧은 찰나
눈 깜짝할 사이에 세상의 모든 빛을 삼켜버렸다
아침에 다시 찾아올 빛을 기대하면서
그들의 행진이 환한 들판으로 나아가는 희망을 품어본다

숙소는 산업화 시대의 탄광처럼
검고 어두운 동굴이었다
깜깜함을 밝히는 것은 빛이었다
작은 구멍에서 사선으로 빛이 들어오는 순간
수렁 속에서 땅으로 올라가는 밧줄이 된다
수많은 생명이 가녀린 불빛처럼 꺼져갔다
그럴 때에는 빛에 생명을 불어넣어야 한다

지금 이 순간 간절히 원하는 것이 있으면
빛을 만나라
삶의 흐름을 바꾸는 힘

살아가는 근본적인 해결책이다
간절한 바람이 어떤 식으로
이루어질지 모른다
하느님을 닮은 우리의 형제들이여,

하늘의 계획

되새긴다
이윤만 추구하는 인간의 욕심을

코로나19 바로 보면
돈과 기술도 면역력과 관계없이
믿었던 것들 바닥부터 무너지게 했다

호주 산불과 양극지방의 해빙은
자연의 복수인지 응답인지
괴질은 악몽의 예고편인가

되돌아보라
야생동물 불법 사냥, 공장식 축산 기후변화를

공동체의 미래와 생명의 소중함 절감하여
가치사슬 성찰하라 하네

하늘에는 인간이 알지 못하는 계획이 있으니,

누가 너희의 이웃인가

우리는 서로를 붙잡아주고 있는가
코로나19가 던진 질문이다
예수님이 묻는다, 누가 너희의 형제인가
그분은 자신을 따르는 사람들을
하느님 자녀로 대했고
밥을 먹였으며 어려움을 들어주었다
제자들과의 마지막도 최후의 만찬이었고
자신의 살과 피를 빵과 포도주로 비유했다
지배자와 지주들 농민을 착취하면
난민들은 살기 위해 도적 떼 되고
지도층은 터진 입으로 정의를 부르짖었다
위기엔 가장자리 사람들이 추락한다
연결은 가능하나 위기는 심화된다
벼랑 끝 걸려있는 사람과 나누어야 한다
누가 너희의 이웃인가

몸과 피

-성체 • 성혈 대축일에

최후의 만찬에서 성체성사 세우시며
당신 사랑 보여주신 날

파스카, 하느님이 출애굽 전야에
문설주에 어린 양의 피를 발라 자녀임을 표시하여
안전할 수 있었던 전통을 이어받았네

섬김을 받으러 온 것이 아니라
섬기러 왔고
많은 이들 죄 값으로 자기 목숨 바치러 왔어요
벗을 위하여 목숨을 바치는 것보다
더 큰 사랑 없으니
하느님과 이웃을
자기 몸처럼 사랑하라 하셨어요

십자가에서의 죽음은
사랑을 보여주신 사건이라
사랑이 싹 트고 꽃 피우고
열매를 맺기 기다리셨어요

받아라, 이는 내 몸이다
받아 마셔라, 이는 내 피다

항상 깨어있어라

항상 깨어있어라
몰래 오시는 주님의 뜻이라

왕은 늙고 병이 들어 후계자를 찾았다
무한한 사랑을 가진 사람을,
피터라는 청년이 궁전에 도달하여
거지의 청에 따라 옷을 바꿔 입고 왕을 만났다

내 얼굴을 똑바로 보아라, 알아보겠느냐
내가 문 앞에 서 있던 그 거지였어
너는 시험에 합격했고 자격이 증명되었다

주님 안에서 깨어 산다는 것은
가장 어려운 사람에게 자신을 내어주는 삶
매사에 감사하며 어려움을 이겨내야 하네

그리스도를 기다리는
간절한 마음 가진 사람 원하신다네

믿음으로 충만한 자녀

-성령강림대축일에

성령이 내려오시어 고아로 두지 않고
아들과 딸로 회복시키는 것
'아버지' 하고 외치면
성령의 힘으로
관계가 새로워지는 것이지요

군중 속에서 느끼는 내면의 외로움
존재에 대한 슬픔이 되는 외로움
하느님으로부터 벗어나려는 시도
영적인 무지 같은 어려움에서 벗어나
하느님의 자녀가 된다는 것
우리의 원초적인 소명이에요

믿음이 충만한 자녀로 다시 태어나
아버지의 사랑 안에 살아갈 수 있지요

아름다운 백조

-대림 3주일

기뻐하여라
주님이 가까이 오셨다
대림 3주일은 기쁨의 장미주일

미운 오리 새끼 동화
오리 알 중 검고 큰 알에서
태어난 오리는 유난히 크고 보기 싫었어

다른 오리들 구박 받았으나
그 사이 공중을 날 수 있게 되었으니
사실은 우아한 백조였다네

주님의 종으로 순종하는
그리스도인은 참된 심부름꾼
그리스도가 외치는 소리로
그분의 복음을 선포한다

스스로 주연이 되려 하는 자
자신을 모르기 때문이다

주연보다 빛나는 조연은
자신의 삶을 내어놓는다

더 밝게 비추는 조연은
구박받는 오리가 아니라
하늘을 스스로 나는 아름다운 백조였다네

더 낮은 곳으로

온 동네에 캐럴이 울려 퍼지고
나무에서 불빛이 번쩍번쩍하지요
성탄이 수백 번 계속된다 해도
마음 안에 예수님이 탄생하지 않는다면
무슨 소용이 있을까요

조용하게 들여다보세요
태어나실 아기 예수님 위한 공간 있는가를
남이 치는 장단에 맞추어
우리까지 덩달아 놀아나는 것 뿐이니

물욕이나 분노의 마음으로 꽉 차있지 않나요
예수님은 광란의 성탄파티에서
휘황찬란한 도시 한가운데서는
더 이상 탄생하지 않으십니다

기쁨과 슬픔을 함께 하시고자
우리의 마음 안에
우리의 영혼 안에
탄생하시고자 기다리고 계십니다

예수님을 모시기 위한
아주 작은 공간 하나 마련하여
조금 더 낮은 곳으로 내려가는 일입니다

성가정

가정은 우리 모두 보금자리 따뜻한 곳
가족은 사랑하고 용서하며 살아가는 힘

효도는 구원의 길
부부는 사랑과 존경을
자녀들은 순종을 부모는 자비를

예수님께서도 인간이셨고
가정에서 가족으로부터
사랑으로 교육받고 자라났어요

예수님과 성모님 요셉성인 가정도
부족함 안타까움 있었고
평범한 우리네처럼
피난생활 노동생활로 얽혀져 있어요

그 중심에 주님을 모셨고
기도하며 기다리며 이겨냈고,
신뢰하고 존중하며 사랑으로 풀어냈어요

코로나19와 함께 찾아온 특별한 성탄시기에
가정과 가족의 소중함 알고
서로의 부족함, 이해와 사랑으로 보완하기를

절망에서 희망으로

기적은 없다고 믿으면서 살 수 있고
기적이라 믿으면서 살 수도 있어요

매일 수많은 사람이 죽어가는 강제수용소에서
가족과 가진 것 다 빼앗기고 내면의 가치 파멸당한 채
몰려오는 죽음의 공포를 견뎌내며
마지막까지 살아남은 사람은 누구일까요

강건한 신체를 가진 사람
법 없이도 살 수 있는 착한 사람
학문이 깊어 현명한 사람도 아니었으니

사랑하는 사람의 모습 떠올리며
아름다운 자연을 바라보고
열렬히 기도하며 의지하면서
분노의 감정들을 삭였답니다
민들레 깃털은 부드러운 흙에만 떨어지지 않고
거친 자갈밭 위에 떨어지기도 하느니
그 고통만큼 커다란 희망을 주지요
절망이 깊다는 것은 희망이 높다는 것을 의미하는 것

산다는 것은 시련을 감내하는 것
시련 속에서 어떤 의미를 찾아야 하는 것이지요
시련을 가치 있는 것으로 만듦으로써
운명을 초월하는 능력을 보여준 사람들입니다

절망에서 희망으로
증오에서 사랑으로
승화하는 것이 인간의 위대한 승리입니다

주님이 오실 길

-대림 시기

영혼이 인도되는 대림 시기엔
다시 오실 예수그리스도 기다리며
구세주 탄생을 준비하는 기간

세례자 요한이 광야에서 선포하듯
회개는 반성의 차원을 넘어서서
사랑하며 살아가는 것이라

그분이 오실 수 있는 자리를 마련하여
회개의 삶을 살아가라는 메시지가 아닐까

비우고 나누며 자리를 마련해드려야
내게 오시어
일을 해 나가실 것이라

주님이 오실 길을 곧게 내드려라

기다림의 완성

보아라,
동정녀가 잉태하여 아들을 낳으리니
순명으로 응답한 마리아는
생각하고 바라보아야 할 사랑의 모범이라네

의심과 고뇌의 순간, 모든 것을 맡긴 요셉
성령으로 말미암은 것이라는 믿음으로
하느님께 의탁하리라 생각했어요

성탄의 신비 속으로 우리를 인도하느니
주님께서 함께 계시다는 영감 받을 때
문을 열어 받아드리리라

희망을 선포하는 성탄에서
우리와 교회 그리고 세상이
보잘 것 없는 이들 안에서
기다림은 완성되는 것이지요

천국

자고나면 꽃들이 싱글벙글
벌들의 장단에 나비들이 춤을 추니
부채만 흔들어도 더위를 이겨내고
귀뚜라미 노래에 지렁이들 꿈틀대는
사랑의 하느님이 함께 하신다

소음은 귀를 닫고 나쁜 그림 눈을 돌려
책을 읽고 시를 쓰며 좋은 생각만 하네
이웃과 나라 지구와 인류를 걱정하며
배려와 나눔 속에 아름다운 화음 섞여
평화의 하느님이 함께 하신다

착하고 건강하여 사회에 이바지해라
고향 찾은 손주들 눈빛이 총총하다
생애 첫 보금자리 청춘을 다 바쳤네
가슴 깊이 쌓인 정 떠나서는 못 살고
버리고도 못 가니 평생 동안 함께 하네
영생의 하느님이 항상 함께 하신다

죽어서야 천국에 간다고들 하지만
살아서 천국에 살고 있어요